Pour un autre fonctionnement de la classe

La problématique du moment :

Le fonctionnement actuel d'une classe maternelle peut se présenter comme une gageure :
Comment :
- d'une part, faire travailler la classe par groupes de 5 ou 6 enfants ?
- ensuite, être présent partout ?
- enfin, conduire son affaire de sorte que les enfants ne soient pas simplement occupés mais aient, tous, à tout moment, une activité enrichissante ?

Les présents cahiers proposent une solution en définissant un autre fonctionnement de la classe.

Le moment collectif :

Il est évident que les moments collectifs ne se trouvent pas modifiés par nos propositions. Ils demeurent ce qu'ils sont, dans le meilleur des cas :
- des temps d'échanges, de communication de tout le groupe et surtout des leaders ;
- des temps d'élaboration de projets que le maître aide à faire naître puis à structurer ;
- des temps de plaisir où l'on danse, où l'on chante, où l'on joue tous ensemble ;
- des moments de réflexion, d'analyse d'une situation, de regards sur des réalisations, des mises au point de stratégies... ;
- des temps de répartition des enfants en petits groupes pour une activité choisie ou imposée ;
- des minutes de débats autour des problèmes concernant la vie de la classe et de l'école ;
- des temps consacrés à l'évaluation des compétences.

L'Unité Pédagogique :

À la suite d'un moment collectif qui a pour but d'informer les enfants sur ce qu'on va faire et sur ce qu'on attend d'eux, on va distinguer et organiser deux types d'activités. Pour chaque séquence :
- une **Unité Pédagogique** (UP) ;
- des **Activités Satellites** (AS).

L'Unité Pédagogique est une séquence, une situation dans laquelle 5 enfants, environ, *en présence* et *en collaboration avec le maître* se livrent à une activité.
Deux sortes d'UP :
- les cognitives qui se situeront surtout le matin ;
- les créatives l'après-midi.

Une UP est une activité pédagogique structurée où le maître fait agir, réfléchir, argumenter, imaginer, prévoir. On aborde souvent des notions précises, on acquiert aussi des connaissances et des savoir-faire.

Le maître, meneur de jeu et observateur, peut donc aider les enfants de ce petit groupe à aller le plus loin possible dans leurs découvertes. Il est attentif au cheminement de chacun, à la démarche individuelle, variable d'un enfant à l'autre. Il aide dans l'appropriation d'un savoir. Enfin, il évalue pour organiser les prolongements nécessaires.
Ce moment est le *temps fort* de la matinée. Il sera repris plusieurs fois, au gré des maîtres, pour une répartition sur la semaine, de telle sorte que chaque enfant ait pu en bénéficier.
Dans cette réorganisation de la classe, le samedi matin est réservé aux bilans. Les UP créatives de l'après-midi fonctionnent — en général — avec des groupes plus élargis mais de la même manière.

Les Activités Satellites :

Ce sont les activités auxquelles se livrent les autres enfants de la classe, répartis en 3 ou 4 groupes autour d'un travail précis demandé par le maître. Ces petits groupes sont autonomes et fonctionnent presque seuls, ou seuls lorsque les habitudes sont prises. Les enfants sont occupés, certes, mais ne sont pas étrangers à ce qui se passe avec le maître. Lors de la reprise des UP, les maîtres doivent sans cesse en tenir compte...

Ne retrouve-t-on pas ici ce qui se passe dans certaines classes rurales à divers niveaux, où les petits apprennent ce qui ne leur est pas directement destiné ?
Les Activités Satellites sont, dans la plupart des cas, des moments au cours desquels on s'exerce, «on fait des gammes». Ce sont des ateliers dont certains ressemblent à ceux que l'on pratique ordinairement dans une classe et d'autres sont organisés, soit pour précéder, préparer une UP en assurant dans le temps leur intégration à la personne de l'enfant, soit pour la prolonger.
Les enfants y reçoivent une consigne qu'ils sont capables de comprendre et de réaliser : en général, on n'y apprend rien de nouveau. On fait des choses qu'on sait faire. Ces tâches affermissent les connaissances et affinent les compétences.
Un lien avec l'UP existe dans certaines AS spécifiques. Dans d'autres cas, il n'y a pas de lien direct.
On peut dire, en conclusion, que si toutes les AS n'ont pas une filiation avec l'UP, toute UP trouve obligatoirement écho et prolongement dans quelques AS.
Au moment des bilans et des évaluations, les maîtres perçoivent au travers des réalisations obtenues la nécessité, soit d'organiser de nouvelles UP qui répondront aux manques observés, soit de nouvelles AS qui seront directement issues de constats réalisés.

• Du travail pour une année :

Ce sont les maîtres eux-mêmes qui nous ont suggéré, dans divers groupes de travail et de réflexion, de *regrouper des activités qui peuvent s'échelonner sur une année scolaire.* Ceci permet à tous les enfants de cheminer à leur rythme : il est en général nécessaire, lorsqu'on aborde une notion, de l'éclairer, de la laisser, de la reprendre sous d'autres formes et éventuellement selon la forme initiale. Il faut faire varier des paramètres dans divers types de situations. Le temps joue avec nous, si l'on sait reprendre au bon moment un travail antérieur.
En maternelle, le maître qui n'a pas de programme à suivre, est amené à organiser lui-même ses UP selon une continuité et une progression dictées par les comportements enfantins. Nous avons parlé de flexibilité dans notre pédagogie; les enchaînements ne peuvent être formels mais ils doivent être rigoureux.
Il y aura des évaluations réalisées au niveau des enfants mais les maîtres eux-mêmes pourront s'auto-évaluer en adoptant notre démarche. Elle repose sur la lucidité.
Pour toutes ces raisons, les présents cahiers s'adresseront à des tranches d'âge précises et proposeront une très grande variété de situations qui, en se déroulant dans le temps, permettront aux enfants de pressentir d'abord et de comprendre ensuite des notions fondamentales pour leur développement et leur future scolarité.

Yvette Jenger-Dufayet

ISBN 2.09.103426-6

Ce travail (qui n'est pas exhaustif) se présente comme un répertoire de toutes les stratégies mises en œuvre au cours de l'année scolaire dans le but d'aider l'enfant à construire son «schéma corporel».

On peut le définir avec Schilder comme : «*La représentation que chacun se fait de son corps et qui lui sert de repère dans l'espace.*»

En effet, le schéma corporel n'est pas quelque chose de donné chez l'enfant. Il se constitue peu à peu au cours des premières années; il est le fruit d'un travail qui s'accomplit chez le petit enfant pendant un temps assez long. Nous ne pouvons que favoriser sa mise en place en proposant des exercices attrayants.

Pour évaluer l'impact et l'efficacité de ces derniers, nous demanderons chaque mois à l'enfant de se représenter. Bien entendu, ces dessins ne doivent pas être envisagés comme une évaluation ou un contrôle des «progrès» enfantins.

Ils n'ont d'intérêt pour l'enseignant et les parents que lorsqu'ils peuvent être observés dans leur ensemble, à la fin de l'année. C'est la trace du chemin parcouru par l'enfant durant une année scolaire. Ce chemin peut paraître long.

L'enfant passe du «gribouillage» au «bonhomme-têtard» et aboutit, en général, au mois de juin à un personnage construit et détaillé : mains, pieds (avec leurs doigts), vêtements. Les progrès sont certes lents, mais le résultat final est très gratifiant. Comme souvent, en classe de petits, il faut avoir la patience de laisser «mûrir» sans forcer le cours des choses en sachant que chaque enfant possède son propre rythme : de plus, beaucoup d'événements étrangers à l'école (tels que sa vie familiale et affective, sa santé) le font progresser ou régresser par paliers.

Les exercices proposés aideront l'enfant à intégrer la représentation qu'il se fait de son corps car ils ont pour but de :

1 - Développer ses capacités d'observation et d'attention visuelle, son sens de l'analyse et de la critique;

2 - Faire acquérir ou affiner le vocabulaire concernant les différentes parties du corps;

3 - Lui faire prendre conscience de la place (volume, taille) qu'occupe son corps dans l'espace;

4 - L'aider à maîtriser son corps et son geste.

Nous avons laissé de côté le très vaste domaine de la motricité, pour privilégier le langage, l'observation, le dessin et le jeu : les enseignants sont bien conscients de l'importance de cette discipline, pour le développement harmonieux de l'enfant, puisqu'ils la font pratiquer quotidiennement.

Les exercices proposés ne sont que des pistes, ils peuvent être enrichis ou simplifiés selon le niveau de chaque classe. Tels qu'ils sont présentés, ils sont le fruit d'une expérience. Facilement réalisables et efficaces, ils apporteront du plaisir à l'enfant qui va explorer le domaine nouveau qui s'ouvre à lui : celui du langage graphique.

Sylvie Ramón
Directrice d'école

Séquence 1

C'EST MON PAPA

Une Unité Pédagogique	Des Activités Satellites
Titre : C'est mon papa **Nombre d'enfants :** toute la classe **Durée de l'UP :** 10 à 20 minutes **Reprises :** au moins 3 fois et chaque fois que les enfants le souhaitent **Période de l'année :** début octobre	**Pas d'AS, séance collective.**

Une UP cognitive avec le maître

• Matériel :

L'album illustré, *C'est mon papa* de Ralph Steadman, aux éditions Aubier-Flammarion.

• Description

L'album s'ouvre sur trois illustrations représentant un gros plan de la tête, du tronc et des jambes d'un papa. Le texte affirme : « *C'est mon papa* ». « *Pourquoi ? Parce qu'il a...* ». Suit une description du papa. Sur chaque double page, un détail du corps : d'énormes oreilles, de gros yeux, des centaines de dents, plein de moustaches, des douzaines de jambes, etc.

À la fin du livre, tous ces attributs sont rassemblés en désordre et forment une sorte de monstre très drôle.

Commentaire : « *C'est le papa de quelqu'un d'autre !* »

• Objectifs :

• **Introduire** la représentation du corps d'une façon humoristique et insolite.

• **Faire parler** les enfants sur un sujet qui les concerne et, par ce moyen, établir une complicité affective.

• **Rire** ensemble.

• **Parler** de ce que l'on connaît : un papa, et comparer ce qui est comparable : le papa du livre et son propre papa.

• Stratégie :

Le livre convient pour une première lecture en grand groupe. Le format est assez grand ; il y a une illustration par double page. Le dessin est précis et évocateur.

• Lire le texte avec emphase. En lisant *C'est mon papa*, le maître peut laisser croire aux enfants qu'il parle de son propre papa.

• Leur demander à chaque page si leur papa a — comme celui du livre — de gros yeux, des douzaines de jambes, etc. Les réponses seront surprenantes.

• Marquer un temps d'arrêt avant la dernière image pour bien ménager l'effet final.

• Proposer aux enfants de dessiner leur papa.

Pendant la (courte) période du dessin, noter sur la feuille ce que l'enfant dit vouloir représenter.

• Évaluation :

En ce début d'année scolaire, beaucoup d'enfants sont incapables de dessiner un « bonhomme ». Ils font un petit « gribouillage » en deux minutes pour faire plaisir au maître et repartent vite vers d'autres activités plus passionnantes. Sans se décourager, il faut les complimenter et mettre en valeur les dessins les plus réussis, en les montrant à tout le groupe et en les affichant en bonne place.

• Prolongements :

- Chercher les albums de la classe où l'on voit des papas.
- Découper des photos de « papas » dans des magazines.

Observations pour le maître :

Séquence 2

C'EST MON PORTRAIT

Une Unité Pédagogique		Des Activités Satellites
Titre : C'est mon portrait **Nombre d'enfants :** 10 **Durée de l'UP :** 15 minutes **Reprises :** tous les mois pour tous les enfants **Période de l'année :** fin octobre	**AS 1**	**Titre :** Grand dessin libre au feutre **Nombre d'enfants :** 7
	AS 2	**Titre :** Jeux d'eau **Nombre d'enfants :** 6
	AS 3	**Titre :** Essais de découpage **Nombre d'enfants :** 8

Une UP cognitive avec le maître

• Matériel :

Un petit appareil photo avec flash incorporé, simple mais de bonne qualité, permettant de faire le portrait de chaque enfant sans qu'il ait à poser trop longtemps.

• Objectifs :

- **Permettre** à l'enfant de manipuler sa photo librement, de se voir autrement que dans une glace.
- Lui faire **prendre conscience** de son attitude, de son expression sur la photo.
- Lui faire **utiliser** ou **acquérir** le vocabulaire adéquat pour nommer les différentes parties de son corps, décrire ses vêtements, leur couleur, les coiffures pour les filles.

• Stratégie :

- Les portraits des enfants n'ont pas de prétention artistique. Le maître fera des portraits en pied, genre photo signalétique en couleur, format 9 x 14 cm minimum.

Chaque enfant étant photographié de face sur un fond blanc (mur ou feuille blanche), il est préférable d'éviter de photographier des objets ou des jouets autour car cela détournerait l'attention de l'enfant lorsqu'il regarde son portrait.

Le maître apporte les photos et les distribue à chaque enfant. Une fois passée la phase de découverte individuelle, les enfants se montrent leur photo les uns aux autres et font de nombreux commentaires. C'est un moment de langage spontané très riche. Il peut faire le sujet d'une autre unité pédagogique.

- Ensuite, le maître reprend les photos et les regarde avec les enfants en les faisant commenter une par une.
- Puis il propose à chaque enfant de se dessiner tel qu'il est sur la photo.
- L'enfant garde sa photo, la pose à côté de sa feuille et la « copie ». Utiliser une feuille blanche, format 21 x 27 cm et un crayon graphite.
- Le dessin terminé et daté, l'enfant range sa photo à un endroit destiné à cet effet. Il aura toujours le libre accès aux photos, mais ne pourra les consulter qu'à cet endroit. Il ne doit pas les emporter dans le coin cuisine, les mettre dans sa poche, les abandonner dans les jeux, etc.

Chaque mois, le maître demandera à l'enfant de se dessiner d'après sa photo et classera les dessins dans l'ordre chronologique.

Les photos seront souvent manipulées par les enfants : il est préférable de les coller sur un carton et de les plastifier pour assurer leur « survie ».

• Évaluation :

Critique de dessins. On compare la photo au dessin. Est-ce pareil ? Que manque-t-il ? Reconnaît-on l'enfant ? Il arrive que certains enfants ne comprennent pas bien la consigne et dessinent sur la photo, ou tracent sur la feuille un carré représentant la photo.
L'idée de copier un modèle ne veut rien dire pour un petit enfant. Le fait d'avoir la photo à côté de la feuille permet surtout au maître d'avoir un support visuel pour ses commentaires : « *Tu n'as pas dessiné tes jambes, regarde sur la photo, elles sont là, sous ton ventre* », etc.
L'enfant aime consulter avec le maître le dossier où sont conservés ses portraits. Il est conscient de ses progrès et juge ses premiers dessins avec mépris : « *Des gribouillages...* », dit-il.

• Prolongements :

- Il faut faire plusieurs photocopies de chaque portrait, car ils vont être souvent utilisés.
- Tris de photos - jeux : les filles, les garçons, ceux qui mangent à la cantine, ceux qui se bagarrent, les copains, ceux qui savent s'habiller tout seuls, etc.
- Utilisation des photos avec le nom et prénom associés pour marquer :
  - les porte-manteaux ;
  - les dossiers ;
  - les casiers ;
  - les places au dortoir.

Des Activités Satellites

• AS 1 : Grand dessin libre au feutre

Dans le couloir qui mène à la classe, dérouler par terre un grand rouleau de papier blanc.

• AS 2 : Jeux d'eau

À l'aide d'entonnoirs, transvaser toute l'eau du bac à eau dans des bouteilles en plastique.

• AS 3 : Essais de découpage

Découpage de papier de couleur en vue d'un collage collectif. En début d'année, beaucoup de petits ne savent pas tenir des ciseaux.

Observations pour le maître :

Séquence 3

PANTOMIME

Une Unité Pédagogique	Une Activité Satellite
Titre : Pantomime **Nombre d'enfants :** 10 acteurs, 10 spectateurs **Durée de l'UP :** 15 minutes **Reprises :** 3 fois, ensuite à la demande des enfants **Période de l'année :** début novembre	**Titre :** Dessin du spectacle **Nombre d'enfants :** 10

Une UP cognitive avec le maître

• Matériel :

D'abord aucun, puis des accessoires (bâtons, cordes, cerceaux).

• Objectifs :

- **Conduire l'enfant** à connaître et à maîtriser son corps et son geste.
- **L'encourager** dans ce moyen de communication qui lui est naturel.
- **Lui permettre** — pour une fois — de se faire comprendre autrement que par le langage explicite.
- **Développer l'attention** et le sens de l'observation.

• Stratégie :

Diviser la classe en deux parties : 10 enfants acteurs et le maître, 10 enfants spectateurs. Les 10 autres enfants regardent et dessinent le spectacle (activité satellite).
Au cours d'une même séance, on inverse les rôles plusieurs fois. Afin de bien se faire comprendre des enfants, il peut être utile, la première fois, de jouer avec eux en nommant les actions.
Exemple : « *Je vais me laver la figure, j'ouvre le robinet, je prends le savon, je me frotte les joues, le bout du nez, je les rince avec de l'eau, je ferme le robinet, je prends ma serviette, je m'essuie,* » etc.
Il est nécessaire d'agir très lentement et de décomposer tous les mouvements afin que les enfants aient le temps d'adapter leurs gestes.
Au cours des séances suivantes, le maître les fera agir et commentera leurs résultats en mettant en valeur ceux qui s'approchent le plus de la réalité.
Il peut leur proposer des thèmes simples, tels que la toilette : prendre une douche, se savonner, se laver la tête, s'essuyer, se coiffer, se parfumer, se maquiller, s'habiller, sortir se promener, cueillir une fleur, la sentir, monter en voiture, rentrer chez soi, se mettre à table, etc.
On peut aussi proposer aux enfants des devinettes (consigne : interdit de parler).
Deviner ce que fait :
1 - Le maître. Choisir une action simple : se coiffer, téléphoner ;
2 - Un enfant acteur devant le groupe. Si l'enfant a du mal à se faire comprendre, il faudra intervenir en l'aidant à préciser ses gestes et ses mimiques pour que le public ne se lasse pas ;
3 - Plusieurs enfants qui se sont concertés pour mimer une courte scène : séance chez le dentiste, le coiffeur, ou le docteur par exemple.
Une fois que les enfants seront bien entraînés à la pantomime, pour enrichir leurs créations, il sera possible de leur fournir quelques accessoires très simples (tels que bâtons, cordes, cerceaux) afin de ne pas détourner l'attention qu'ils apportent à l'accomplissement du geste.

• Évaluation :

Les enfants aiment beaucoup ces séances. Néanmoins, elles gagnent à être courtes, car elles leur demandent un effort intensif.

Les enfants les plus inhibés et ceux qui ont des difficultés de langage y participent volontiers.

• Prolongements :

• Il peut être enrichissant de filmer ces séances à la caméra-vidéo. Les enfants en se revoyant, parlent abondamment, ils rient, se rappellent des souvenirs, se critiquent, refont les gestes...

• Lorsqu'ils ont pris goût à mimer devant des spectateurs, ils peuvent aller jouer devant les élèves d'autres classes, mais le côté fragile et improvisé du spectacle n'est pas garant d'une qualité égale.

Une Activité Satellite

• AS : Dessin du spectacle

Les enfants sont invités à représenter le spectacle auquel ils participent. On leur donne des feuilles de format 21 x 29,7 cm et des feutres fins de couleur.

Observations pour le maître :

Séquence 4

SE DESSINER GRANDEUR NATURE

Une Unité Pédagogique	Des Activités Satellites	
Titre : Se dessiner grandeur nature **Nombre d'enfants :** 10 **Durée de l'UP :** 15 à 30 minutes **Reprises :** 3 fois **Période de l'année :** fin novembre	**AS 1**	**Titre :** Remplir une forme avec des points **Nombre d'enfants :** 6
	AS 2	**Titre :** Peindre l'intérieur d'une forme **Nombre d'enfants :** 6
	AS 3	**Titre :** Jeux libres **Nombre d'enfants :** 8

Une UP cognitive avec le maître

• Matériel :

- des grandes feuilles de papier sur lesquelles un enfant peut se coucher ;
- un gros feutre noir.

• Objectifs :

• **Faire prendre conscience** à l'enfant :
- de sa **taille** ;
- de la **place** qu'il occupe dans l'espace ;
- de son **axe corporel** (tronc, dos, nuque, tête).

• Stratégie :

• Faire asseoir les enfants en tailleur, les disposer en demi-cercle.

• Demander à un volontaire de venir s'allonger sur une grande feuille posée par terre, bras et jambes droits mais légèrement écartés, la main posée bien à plat sur la feuille, les doigts écartés (consigne : ne pas bouger).

• Le maître dessine le contour de l'enfant sur la grande feuille devant le groupe, puis l'enfant retourne à sa place.

• Le maître propose alors aux enfants de compléter le portrait : les volontaires viennent, chacun à leur tour, dessiner le nez, ou les cheveux, ou les ongles, etc. Certains ajoutent des détails du vêtement : boutons, fermetures Éclair. Ils n'oublient ni le « zizi » ni le « pipi ».

• Évaluation :

Accrocher le dessin au mur et demander à l'enfant dessiné de se mettre à côté pour vérifier s'il est bien « pareil » au sujet. Rechercher les oublis en comparant le modèle et le portrait.

● Prolongements :

● Proposer aux enfants de se dessiner deux par deux en procédant de la même façon. Un enfant s'allonge, l'autre le dessine et *vice versa.*

● On peut aussi dessiner le maître (prévoir un pantalon et un vieux pull).
● Écrire le nom des enfants sous chaque silhouette et, par exemple, les afficher dans le couloir de la classe.

Des Activités Satellites

● AS 1 : Remplir une forme avec des points

Dessiner une forme sur une feuille et demander aux enfants de faire des points de taille et de couleur variées uniquement à l'intérieur de la forme.

● AS 2 : Peindre l'intérieur d'une forme

Le même travail que le précédent dans une forme plus grande et au Coton-tige.

● AS 3 : Jeux libres

Quatre enfants : jeux de rôle, dans le coin cuisine.
Quatre enfants : jeux de rôle dans la chambre des poupées.
(Consigne : habiller les poupées car elles ont froid).

Observations pour le maître :

Séquence 5

DÉCOUPER DES SILHOUETTES

Une Unité Pédagogique		Des Activités Satellites
Titre : Découper des silhouettes **Nombre d'enfants :** 6 **Durée de l'UP :** 20 à 30 minutes **Reprises :** 5 fois **Période de l'année :** début décembre	**AS 1**	**Titre :** Jeux mathématiques **Nombre d'enfants :** 4
	AS 2	**Titre :** Découpage de laine **Nombre d'enfants :** 10
	AS 3	**Titre :** Jeux d'eau **Nombre d'enfants :** 5
	AS 4	**Titre :** Avec la pince à épiler et la pince à sucre **Nombre d'enfants :** 5

Une UP cognitive avec le maître

• Matériel :

- de grands cartons d'emballage de réfrigérateur ou de meubles ayant au moins la taille d'un enfant ;
- ou des plaques de polystyrène ;
- à défaut : du carton ondulé vendu en grand rouleau.

• Objectifs :

• Faire **prendre conscience** à l'enfant, non seulement de sa taille, mais du volume de son corps.
• Lui **permettre** de manier quelque chose qui a sa taille exacte : sa silhouette, qui est encombrante mais légère. Habituellement, il ne peut transporter que des petites poupées ou des peluches rarement aussi grandes que lui.
• **Représenter** l'envers de son corps et non plus l'endroit comme toujours.

• Stratégie :

• Sur un grand carton, le maître dessine le corps de l'enfant en procédant de la même façon que lors de la séance précédente. Il découpe lui-même avec un cutter les contours de la silhouette. Il est préférable de couper à partir de l'extérieur du trait afin que la silhouette évidée du carton soit légèrement plus grande que l'enfant. Chaque enfant possède ainsi deux silhouettes : une évidée et une pleine.
Il peut :
- soit habiller cette dernière comme une poupée. Dans ce cas, prévoir des habits faciles à enfiler (joggings, le propre manteau de l'enfant, pulls trop larges) ;
- soit dessiner des vêtements sur la silhouette (peinture, feutres, craies) ;
- soit coller des tissus.
Dans tous les cas, il aura à dessiner les traits du visage et à coller des cheveux (morceaux de laine, fourrure).
• Lorsque l'enfant dessine sur la silhouette, lui demander de dessiner aussi « l'envers ».
• Lui faire observer ses camarades de dos.
• Par un jeu de glaces, l'aider à se voir lui-même de dos.

• Le laisser jouer librement avec sa silhouette. En général, il la transporte, il se couche dessus, la met debout contre un mur. Parfois il lui parle.

L'enfant peut se présenter dans le vide laissé par sa silhouette évidée dans le carton. Il peut même y passer.

• Évaluation :

Relever les difficultés pour dessiner le visage, placer les cheveux. Aider les plus maladroits.

Chaque enfant présentera sa silhouette au groupe-classe.

• Prolongements :

- Comparer les tailles des silhouettes.
- Introduire la notion de grandeur, fabrication d'une toise.
- Essayer de reconnaître les silhouettes des autres.
- Regrouper les silhouettes des amis ensemble.
- Faire manipuler les silhouettes pour inventer des histoires. S'en servir comme des marionnettes.
- Introduire le jeu des figurines articulées[1] ; se servir uniquement des personnages de face et de dos. Le profil sera introduit plus tard dans l'année.
- Faire travailler les enfants sur l'habillage[2] :

- avec les poupées ;
- avec les silhouettes ;
- apprendre à mettre son manteau tout seul.

Des Activités Satellites

• AS 1 : Jeux mathématiques

Le jeu des chemins[3].

• AS 2 : Découpage de laine

Découpage de laine pour les cheveux des silhouettes.

• AS 3 : Jeux d'eau

Transvaser l'eau du bac à eau dans des cuvettes uniquement à l'aide de grosses éponges.

• AS 4 : Avec la pince à épiler et la pince à sucre

Attraper des petits objets tels que perles, coquillages, fèves, etc., avec des pinces à épiler et des pinces à sucre.

1. - Martha Glauzer, *Figurines articulées*, voir le catalogue du matériel éducatif, éditions Nathan.
2. - Shiegeo Wanatabe, *Mes habits préférés*, éditions du Sorbier.
Dick Bruna, *Ma chemise est blanche et je m'habille tout seul*, éditions Nathan.
Je vais m'habiller tout seul, albums du Père Castor, « Les petits castors », éditions Flammarion.
3. - Lucette Champdavoine, *Les mathématiques par les jeux*, collection « Vivre à la maternelle », éditions Nathan.

Séquence 6

MAQUILLER DES PHOTOS

Une Unité Pédagogique		Des Activités Satellites
Titre : Maquiller des photos **Nombre d'enfants :** 6 **Durée de l'UP :** 15 minutes **Reprises :** 5 fois **Période de l'année :** fin décembre	**AS 1**	**Titre :** Approche de la craie d'art **Nombre d'enfants :** 5
	AS 2	**Titre :** Peinture au Coton-tige **Nombre d'enfants :** 10
	AS 3	**Titre :** Puzzles **Nombre d'enfants :** 5
	AS 4	**Titre :** Pâte à modeler **Nombre d'enfants :** 4

Une UP cognitive avec le maître

• Matériel :

- de nombreuses revues féminines (*Elle, Figaro-Madame, Votre Beauté, Marie-Claire,* etc.) dans lesquelles on découpera tous les portraits photographiques en pleine page du magazine. Rechercher les publicités pour les maquillages, les parfums et les coiffures;
- se procurer des publicités pour le fromage Kiri représentant des portraits d'enfants sur lesquels ont été ajoutées lunettes, moustaches, etc. afin de bien leur faire comprendre ce qu'on leur demande.

À défaut : dessiner soi-même ces détails sur des portraits photographiques. Il s'agit de « maquiller » le personnage de la photo pour qu'on ne le reconnaisse pas.

• Objectifs :

• **Améliorer** la représentation du visage. En travaillant directement sur la photo, l'enfant observe obligatoirement les sourcils, les cils, les narines, etc.

• **Donner** à l'enfant un travail qu'il réussit facilement et qui est immédiatement gratifiant.

• **Enrichir** son vocabulaire concernant les différentes parties du visage : pommettes, narines, racines des cheveux, etc.

• **Faire prendre** conscience aux enfants de la différence entre un livre et un journal.

• Stratégie :

Donner à chaque enfant un de ces portraits. Leur demander de transformer l'image donnée en la maquillant selon leurs désirs. Il est bon de préciser les points sur lesquels les enfants peuvent faire des tracés : œil, cils, sourcils, lèvres, mains, cou.

Les enfants qui y prennent goût veulent généralement répéter le travail. On peut alors leur fournir une revue entière en leur redonnant la consigne de travailler uniquement sur les portraits.

• Évaluation :

Certains enfants se contenteront d'entourer les yeux, la bouche. D'autres, au contraire, referont les cils, ajouteront des boucles d'oreilles, du vernis sur les ongles.

Faire dire aux enfants ce qu'ils ont voulu faire.
Leur faire sélectionner les portraits les mieux maquillés pour l'affichage.

• Prolongements :

Introduction au maquillage
Première séance : maquiller les enfants.
Deuxième séance : les enfants se maquillent devant une glace individuelle.
Troisième séance : les enfants se maquillent mutuellement.

Introduction des glaces individuelles
Chaque enfant se regarde comme il veut et aussi longtemps qu'il veut. Lui faire observer ses lèvres, ses dents, sa langue, ses narines, ses cils, etc. en les lui nommant.
Lui proposer après la séance d'observation de se dessiner.
Même travail de maquillage de photos sur des photocopies des portraits individuels.

Des Activités Satellites

• AS 1 : Approche de la craie d'art

Faire des dessins avec la craie tenue couchée et estompée avec des chiffons.

• AS 2 : Peinture au Coton-tige

Réalisation de cartes de vœux avec des encres de couleur mélangées à de la colle liquide blanche. L'enfant peint au Coton-tige (car le format de la carte est petit) puis il saupoudre la carte avant que la peinture ne sèche, de paillettes fines d'or et d'argent.

• AS 3 : Puzzles

• AS 4 : Pâte à modeler

Réaliser ce que chacun désire.

Observations pour le maître :

Séquence 7

AVEC DES PORTRAITS ÉVIDÉS

Une Unité Pédagogique		Des Activités Satellites
Titre : Avec des portraits évidés **Nombre d'enfants :** 6 **Durée de l'UP :** 15 minutes **Reprises :** 5 fois **Période de l'année :** janvier	**AS 1**	**Titre :** Tri et classement **Nombre d'enfants :** 10
	AS 2	**Titre :** Monotypes **Nombre d'enfants :** 6
	AS 3	**Titre :** Jeux mathématiques **Nombre d'enfants :** 4
	AS 4	**Titre :** Puzzles **Nombre d'enfants :** 4

Une UP cognitive avec le maître

• Matériel :

- pour chaque enfant : deux grands portraits de photo publicitaire de la taille d'une page entière de magazine ;
- des cartes blanches plus grandes que les photos ;
- des feutres fins noirs.

• Objectifs :

• Cet exercice est une sorte de « contrôle » du travail effectué dans la séquence précédente. L'enfant doit pouvoir replacer les traits du visage dans un espace vide.
• **Vérifier** l'acquisition du vocabulaire concernant les traits du visage.
• **Enrichir** les dessins en introduisant un travail sur les expressions du visage.
• **Acquérir** le vocabulaire relatif à ces expressions (*triste, apeuré, content, en colère,* etc.).

• Stratégie :

• Travailler sur les expressions du visage : exprimer la gaieté, la tristesse, la colère, la peur, la lassitude. Faire mimer des enfants volontaires.
• Observer les traits du visage lorsque l'on fait semblant de pleurer, la bouche « descend » ; lorsqu'on rit, les yeux se plissent, deviennent petits, la bouche « remonte ».
• Veiller au bon emploi du vocabulaire.
• Apporter de la documentation sur les masques, particulièrement sur les masques japonais et chinois.
Après tous ces préliminaires, le maître découpe l'intérieur d'un portrait en laissant les cheveux et le cou, puis le colle sur une grande carte blanche. L'enfant doit dessiner les traits du personnage, refaire le portrait.

Séquence 1

C'est mon papa

Séquence 2

C'est mon portrait

septembre novembre mars

Séquence 6

Maquiller des photos

Séquence 7

Avec des portraits évidés

Séquence 9

Portraits d'après nature

Séquence 12

Se représenter au sein d'un groupe

Les trois ours de "Boucle d'or"

Une famille : les deux parents et les deux enfants

Séquence 13

Se représenter après des jeux

Colin-maillard :
L'enfant porte un bandeau (vert).

Colin-maillard :
Le bandeau porté par l'enfant est dessiné en bleu. Les petits ronds représentent tous les enfants autour de l'acteur.

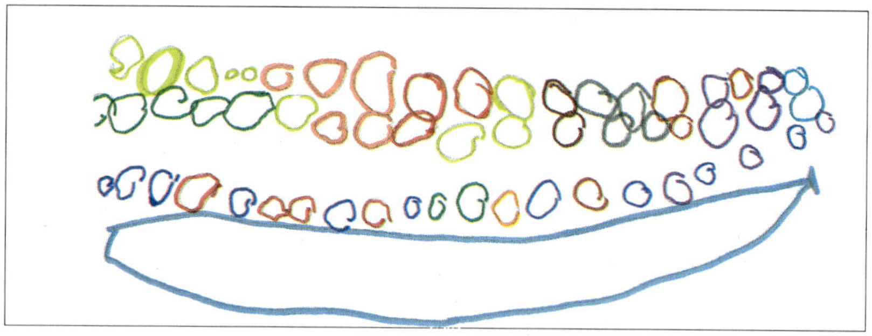

Séquence 14

Faire un vrai bonhomme ou un monstre

• Évaluation :

• Beaucoup d'enfants éprouvent le besoin de retracer l'ovale du visage à l'intérieur du portrait évidé.
• En général, on note l'apparition des cils, des sourcils, parfois des rides du front.
• On peut faire classer aux enfants les portraits « gais » et « tristes ».

• Prolongements :

• Le même travail sera fait sur une photocopie du portrait en pied individuel de chaque enfant. Le travail est plus minutieux, car le portrait est plus petit. Prévoir des crayons graphites bien taillés.
• Donner aux enfants des bouches, des yeux et des nez prélevés dans les photos de visages que l'on a découpées pour le travail précédent et leur demander d'organiser un visage avec ces éléments collés sur une feuille.
• Donner aux enfants des têtes découpées de femmes, hommes, enfants, plus petites que les précédentes : de la taille d'un quart d'une page de revue. Leur laisser choisir celle qui leur plaît, ou plusieurs s'ils le désirent et leur demander de la (les) coller sur une feuille, puis d'ajouter le corps dessiné au feutre.
Ce travail amuse beaucoup les enfants. Ceux qui en sont au stade du « bonhomme-têtard » entourent la tête découpée d'un cercle auquel ils rattachent les membres. Beaucoup refont les cheveux. Certains dessinent une nouvelle tête sous la tête collée.
Tous ces détails doivent être commentés avec les enfants.
• Refaire le travail sur un petit format avec les têtes découpées dans la photocopie du portrait de chaque enfant.
• Découpage : les plus adroits peuvent découper eux-mêmes les têtes dans les journaux.

Des Activités Satellites

• AS 1 : Tri et classement

Recherche dans les magazines des pages représentant un ou des personnages. Les enfants doivent prélever les pages et ensuite les classer : « les mamans » ensemble, les « papas » ensemble, puis les enfants.

• AS 2 : Monotypes

Matériel pour chaque enfant : un rouleau en mousse, de la peinture noire assez épaisse, des Coton-tige, une petite plaque de verre, de nombreuses feuilles de papier plus grandes que la plaque. L'enfant étale de la peinture sur la plaque de verre à l'aide du rouleau, enlève la peinture en dessinant avec le Coton-tige, puis pose sa feuille sur la plaque de verre, frotte avec le poing et soulève la feuille. Le dessin est imprimé. Cette activité a été faite en UP auparavant avec le maître.

• AS 3 : Jeux mathématiques

« Les pommiers »[1].

• AS 4 : Puzzles

Découverte du corps. Le garçon et la fille. (Voir le catalogue du matériel éducatif Nathan). Les enfants travaillent deux par deux.

1. - Lucette Champdavoine, *Les mathématiques par les jeux,* collection « Vivre à la maternelle », éditions Nathan.

Séquence 8

LE PETIT PRINCE PAIN D'ÉPICE

Une Unité Pédagogique		Des Activités Satellites
Titre : Le petit prince pain d'épice **Nombre d'enfants :** toute la classe, puis 6 enfants **Durée de l'UP :** histoire collective : 10 à 20 minutes ; fabrication du bonhomme en pâte à pain : 15 minutes **Reprises :** 5 fois **Période de l'année :** février	**AS 1**	**Titre :** Jeux libres **Nombre d'enfants :** 4
	AS 2	**Titre :** Déchiquetage **Nombre d'enfants :** 10
	AS 3	**Titre :** Jeu de construction **Nombre d'enfants :** 5
	AS 4	**Titre :** Coin bibliothèque **Nombre d'enfants :** 5

Une UP cognitive avec le maître

• Matériel :

- le livre *Le petit prince pain d'épice*, illustré par Jack Kent, éditions du Sorbier ou Sarah Cone Bryant, *Comment raconter des histoires à nos enfants,* éditions Nathan ;
- la recette de la pâte à pain (en fait, du pain au lait) : 1 kg de farine, 3 œufs, 25 gr de levure de boulanger, 1 morceau de sucre, 150 gr de beurre, 60 gr de sucre en poudre, 2 dl de lait, 1 pincée de sel.

Faire fondre la levure et le sucre dans une cuillerée à soupe d'eau chaude. Garder en attente. Faire tiédir le lait sucré, hors du feu, y faire fondre le beurre. Mettre la farine dans un saladier, y ajouter les œufs entiers battus, la levure et le lait peu à peu en mélangeant bien, ajouter le sel. Bien pétrir, laisser reposer 1 heure près d'une source de chaleur. Pétrir à nouveau. La pâte doit être lisse. L'abaisser sur un à deux centimètres.

Glaçage : battre 1 blanc d'œuf avec du sucre glace. Pour obtenir du rose, mélanger avec du jus de betterave; du marron, mélanger avec du chocolat.

Cuisson : 20 à 30 mn à four chaud (thermostat 5).

La pâte à pain peut être préparée avant la séance par le maître puisque l'objectif n'est pas d'apprendre aux enfants la recette du pain.

Il faut du reste la laisser reposer.

• Objectifs :

Par le biais de l'histoire :

- **montrer** aux enfants une autre représentation de « bonhomme » ;
- leur en faire **réaliser un eux-mêmes**, à plat, en pâte à pain ;
- les **intéresser** à une histoire simple et **provoquer** des commentaires ;
- **organiser** un goûter dans la classe.

• Stratégie :

• Raconter l'histoire à toute la classe, puis montrer les illustrations du livre. Ce "petit prince pain d'épice" ressemble en fait aux bonshommes de pain d'épice que l'on achetait jadis dans les foires et les fêtes foraines. Pour plus de facilité, nous le ferons en pâte à pain car si nous voulions le réaliser en pain d'épice, il nous faudrait un moule.

• Donner à chaque enfant une boule de pâte et lui faire faire son petit bonhomme. Veiller à bien souder au tronc les colombins représentant les bras et les jambes, sinon ils se séparent à la cuisson. Pour représenter les yeux, enfoncer des raisins de Corinthe et pour la bouche faire un bourrelet en pâte à pain.

Lorsque les enfants voient leurs petits bonshommes cuits, ils sont souvent partagés entre l'envie de le manger et de le conserver, certains mêmes souhaitent l'emporter chez eux.
Afin qu'ils ne soient pas privés de goûter pour autant, on peut prévoir de faire confectionner par les enfants quelques pains en plus.

• Évaluation :

Les enfants sont très tentés par l'idée de faire un petit bonhomme comme celui du livre. Il faut cependant aider les plus maladroits. Certains font l'équivalent du «bonhomme-têtard» en pâte à pain. Les yeux et la bouche sont en général bien placés.

• Prolongements :

• Cette histoire étant simple et très structurée, on peut facilement la faire jouer par les enfants.
• Confection de «petits princes pain d'épice» en pâte à modeler sur des plaques d'Isorel. On peut également en faire faire en pâte à sel.
• Montrer aux enfants un film fixe représentant l'histoire. Leur demander de la raconter à leur tour.

Des Activités Satellites

• AS 1 : Jeux libres

Manipulations libres dans le coin garage.

• AS 2 : Déchiquetage

Déchiquetage de papier de soie de couleur pour impressions sur des feuilles de Canson mouillées.

• AS 3 : Jeu de construction

Construction en briques. Faire des tours les plus hautes possible en n'utilisant que les petites briques à quatre trous.

• AS 4 : Coin bibliothèque

Regarder les livres et se raconter des histoires dans le coin bibliothèque.

Observations pour le maître :

Séquence 9

PORTRAITS D'APRÈS NATURE

Une Unité Pédagogique	Une Activité Satellite
Titre : Portraits d'après nature **Nombre d'enfants :** 10 **Durée de l'UP :** 15 minutes **Reprises :** 3 fois **Période de l'année :** mars	**Titre :** En bibliothèque **Nombre d'enfants :** 20

Une UP cognitive avec le maître

• Matériel :

- de grandes feuilles ;
- des feutres.

• Objectifs :

• **S'entraîner** à observer le réel, parler de ce que l'on voit.
• Faire **prendre conscience** à l'enfant de l'attitude du corps, de l'expression du visage.

• **Ne pas se donner pour objectif** d'obtenir la ressemblance avec le modèle.

• Stratégie :

• Les maîtres ne doivent pas perdre de vue que l'enfant ne copie pas l'objet.
Selon Wallon, « *il le dessine de mémoire, ou plutôt selon certains schémas très simplifiés et plus ou moins stéréotypés. Il le raconte à mesure qu'il en évoque les détails dans un inventaire plus fortuit que systématique. Mais devant l'objet qu'il doit reproduire, il ne le regarde plus dès qu'il s'est rendu compte du «motif», et il le décrit comme ses moyens lui permettent de traduire ce qu'il a dans l'esprit, en les substituant d'ailleurs souvent eux-mêmes au modèle mental comme au modèle objectif.* » En fait, l'enfant ne se soucie guère de l'apparence «objective» du modèle, il dessine ce qui de cet objet est significatif pour lui.
Alors, pourquoi s'obstiner à fournir un modèle à l'enfant ? Simplement parce que la situation est insolite et donc enrichissante, et aussi parce que le fait d'avoir le modèle vivant et présent va appuyer les observations du maître quant aux différentes parties du corps représentées.

• Il est intéressant de fournir aux enfants une expérience nouvelle pour eux.
On demande à plusieurs adultes de venir poser dans la classe à tour de rôle. Par exemple : la directrice, l'ASEM préférée des petits, un parent d'élève, une institutrice, un animateur, etc. Leur demander d'ajouter à leur toilette un élément inhabituel qui les distingue et que les enfants remarqueront obligatoirement, tels que : chapeau, nœud papillon, grosses boucles d'oreilles, châle, etc.
Le modèle se place face aux enfants, debout, immobile et muet. Il peut imprimer à ses traits une expression de tristesse ou de joie, lever un bras ou une jambe.
Chaque enfant fera le portrait de deux adultes.
Nous appelons alors tous les enfants de la classe et nous leur montrons les portraits en présence des modèles afin de vérifier s'ils les reconnaissent.
Nous nous livrons à une critique de dessin collective.
Puis le groupe qui a déjà dessiné sort et nous recommençons avec un autre groupe.

• Évaluation :

Les enfants reconnaissent parfaitement leur dessin et chacun sait ce qu'il a voulu dessiner. Certains « portraits » sont identifiables grâce au détail (chapeau, boucle d'oreille, etc.).

Le moment de critique de dessin devant les modèles est très riche. Les enfants sont plus attentifs et motivés que lorsqu'ils dessinent un personnage imaginaire.

• Prolongements :

- Montrer aux enfants des reproductions d'hommes et de femmes jeunes ou vieux, par des peintres tels que : Degas, Renoir, Dali, Modigliani, Léger, Picasso, Toulouse-Lautrec...
- Demander à un enfant de poser pour les autres. Le maître peut aussi servir de modèle.

Une Activité Satellite

• AS : En bibliothèque

Afin de ménager l'effet de surprise pour les deux autres groupes de 10 enfants qui vont venir dessiner les adultes à leur tour, il serait bon de mettre ces enfants en activité hors de la classe, soit en profitant d'une récréation, soit en en envoyant 10 en bibliothèque et 10 autres en motricité ou en atelier dans une autre classe.

Observations pour le maître :

Séquence 10

OMBRES CHINOISES

Une Unité Pédagogique	Des Activités Satellites
Titre : Ombres chinoises **Nombre d'enfants :** toute la classe, répartie en groupes d'acteurs et de spectateurs qui permutent **Durée de l'UP :** 30 minutes **Reprises :** 3 fois au moins **Période de l'année :** avril	**Pas d'AS, séance collective**

Une UP cognitive avec le maître

• Matériel :

Pour l'écran :
- soit un cadre en bois et du papier-calque ;
- soit des matelas de mousse empilables et un grand drap blanc ;
- un projecteur de diapositives ou de films fixes.

• Objectifs :

• **Développer** chez l'enfant :
- l'attention visuelle ;
- le sens de l'observation ;
- l'analyse et le sens critique.

• **Utiliser** la fascination exercée par les ombres sur les enfants pour leur faire découvrir la silhouette et le profil plus frappant en ombres chinoises.

• **Rechercher** des attitudes variées :
- mime ;
- expression corporelle.

• Stratégie :

• Quand on allume le projecteur, les enfants se placent souvent entre la source lumineuse et l'écran ou le mur blanc pour voir leur silhouette. On peut saisir ce moment pour fixer une feuille blanche sur le mur et dessiner rapidement avec un gros feutre noir soit leur silhouette entière, soit leur visage de profil.

Quand on éteint le projecteur, la silhouette disparaît mais le dessin reste. C'est magique ! Et cela nous conduira à réaliser avec les enfants un théâtre d'ombres.

Si l'on possède dans l'école un dortoir équipé de matelas en mousse, il suffit de tendre un grand drap blanc entre deux piles de matelas (on le fixe aux matelas supérieurs). La hauteur doit dépasser la taille d'un enfant. On place le projecteur derrière le drap. Les acteurs passent entre le projecteur et le drap. Les spectateurs s'asseyent devant, à une certaine distance car ils ont tendance à vouloir se lever pour toucher les ombres.

On peut également fabriquer un écran plus sophistiqué en agrafant sur un cadre de bois du papier-calque. Selon la taille de l'écran, on le pose sur une table ou par terre.

• **Premier jeu :** reconnaître l'enfant dont on voit l'ombre. Il peut se placer de face, de dos ou de profil. Il ne doit pas parler. Tous les enfants passent à tour de rôle.

• **Deuxième jeu :** mimer une courte scène à deux avec ou sans accessoires. Les spectateurs doivent deviner, par exemple :
- une séance chez le coiffeur (deux enfants, une chaise, un peigne) ;
- un bricoleur qui répare une chaise (un enfant, une chaise, un marteau).

• **Troisième jeu :** sortir des objets d'un sac et les faire reconnaître (une poupée, une balle, un livre, etc.)

• Évaluation :

Faire remarquer aux enfants que plus ils s'approchent du drap, plus leur ombre est nette. Si au contraire ils s'en éloignent, l'ombre grandit et devient floue.
La séance est riche en langage et l'attention soutenue.
Les enfants les plus timides acceptent de passer devant l'écran.
Le côté magique de la silhouette noire fascine les petits et les aide à découvrir le profil.

• Prolongements :

• Choisir un album illustré apprécié des enfants dont l'histoire soit simple et les personnages bien différenciés.
Par exemple : Helme Heine, *Le plus bel œuf du monde*, « Folio Benjamin », éditions Gallimard.
Découper dans du carton fort les silhouettes des personnages et des accessoires nécessaires à la compréhension de l'histoire et la raconter par le biais des ombres chinoises, sans paroles et avec une belle musique en fond sonore.
Boucle d'or se prête également très bien à ce genre de spectacle.

• Faire manipuler par les enfants des silhouettes découpées ou des marionnettes.

• Enrichir la bibliothèque de la classe avec des livres illustrés par des silhouettes noires[1].
Comme il est nécessaire de travailler dans l'obscurité et parfois dans un autre lieu que la classe (dortoir par exemple) il est préférable de garder toute la classe ou de mettre une partie en récréation.

Observations pour le maître :

1. – *Mother Goose, nursery rhymes*, illustré par Arthur Rackam ; éditions William Heinemann.
– *Les Contes de Grimm* et *Alice au pays des merveilles* ; illustrés par Harry Clarke ; même éditeur.

Séquence 11

RÉALISER UN PERSONNAGE EN VOLUME

Une Unité Pédagogique	Des Activités Satellites	
Titre : Réaliser un personnage en volume **Nombre d'enfants :** 10 **Durée de l'UP :** 30 minutes **Reprises :** 3 fois **Période de l'année :** fin avril	**AS 1**	**Titre :** Bibliothèque sonore **Nombre d'enfants :** 4
	AS 2	**Titre :** Jeu de construction **Nombre d'enfants :** 8
	AS 3	**Titre :** Tri **Nombre d'enfants :** 8

Une UP cognitive avec le maître

• Matériel :

Des rouleaux vides de papier WC, de papier essuie-tout, de la pâte à bois, de petites boîtes, du support carton fort, des capsules, des bouchons, des perles, des allumettes, des pinces à linge, des tubes vides de médicament, des bobines, du fil de fer, de la colle vynilique et tout ce que les enfants jugent utile d'ajouter.

• Objectifs :

• **Demander** à chaque enfant de construire un personnage en volume qui tienne debout. Jusqu'à présent, tous les travaux ont été exécutés à plat sur le plan horizontal.
• **Observer** comment les enfants organisent leur travail quand un matériel abondant est mis à leur disposition.
• **Commenter** avec eux ce qu'ils font pendant qu'ils travaillent, en employant un vocabulaire précis et approprié.

• Stratégie :

• Donner aux enfants tout le matériel.
La pâte à bois a été confectionnée par le maître. En séchant, elle peut permettre de fixer des éléments du corps. Par exemple, on peut en faire une boule dans laquelle on incrustera les bras, les jambes; on peut s'en servir pour fixer les pieds au support de carton, former la tête, etc.
Si les enfants sont habitués à travailler en volume avec du papier, ils essaieront peut-être de faire un corps avec une boule de papier froissée sur laquelle se greffeтont différents éléments représentant la tête et les membres.
Laisser aux enfants, s'ils le désirent, la possibilité de peindre leur œuvre ou d'ajouter d'autres éléments qu'ils apportent de chez eux ou trouvent dans la classe.

• Évaluation :

Certains enfants ont beaucoup de mal à organiser un corps en volume. Il faut les laisser manipuler longuement le matériel et tâtonner.
Même les enfants qui arrivent à bien construire le corps ont du mal à le faire tenir debout ou à le fixer au support. S'ils échouent plusieurs fois, le maître peut intervenir afin qu'ils ne se découragent pas.

• Prolongements :

Après ce travail, il peut être amusant de réaliser des bonshommes salés ou sucrés et de déguster ces derniers.

Matériel pour le bonhomme salé :

- pour le corps : tomate, oignon, pomme de terre, gros navet ;
- pour les membres : petites carottes, bâtonnets de concombre, haricots verts, spaghettis, piques en bois, Bretzels ;
- pour la tête : olives, œufs durs, fruits secs, salade frisée.

Tous ces éléments seront goûtés et leur saveur comparée à celle des éléments composant le bonhomme sucré.

Matériel pour le bonhomme sucré :

- pour le socle : pain d'épice ;
- pour le corps : madeleines, brioches ;
- pour les membres et la tête : Mikados, Fingers, cigarettes, galettes bretonnes, Smarties, lacets de réglisse, fraises, sucettes, pâte Nutella en guise de colle.

Ces bonshommes sucrés seront le prétexte pour faire un bon goûter dans la classe.

Des Activités Satellites

• AS 1 : Bibliothèque sonore

Le texte de certains albums de la classe a été enregistré sur cassette par le maître. L'enfant doit donc choisir la cassette et l'album qui l'accompagne. Il sait faire fonctionner le magnétophone sans l'aide de l'adulte.

Consigne : écouter la cassette jusqu'à la fin et la ranger à sa place ainsi que l'album.

• AS 2 : Jeu de construction

Constructions avec le matériel Florasco (Asco).

Consigne : réaliser une structure stable, en hauteur.

• AS 3 : Tri

Rechercher dans le matériel de bricolage de la classe tout ce qui peut servir pour confectionner un bonhomme en volume. Ranger les éléments dans des boîtes.

Observations pour le maître :

Séquence 12

SE REPRÉSENTER AU SEIN D'UN GROUPE

Une Unité Pédagogique	Des Activités Satellites	
Titre : Se représenter au sein d'un groupe **Nombre d'enfants :** 10 **Durée de l'UP :** 20 à 30 minutes **Reprises :** 3 fois **Période de l'année :** mai	**AS 1**	**Titre :** Graphisme pour des cartes de vœux **Nombre d'enfants :** 8
	AS 2	**Titre :** Le jeu des trois ours **Nombre d'enfants :** 4
	AS 3	**Titre :** Dessin libre sur ardoises graphiques **Nombre d'enfants :** 8

Une UP cognitive avec le maître

• Matériel :

- du papier ;
- des feutres fins.

• Objectifs :

• **Faire prendre conscience** à l'enfant de sa taille et de sa place par rapport à un groupe restreint — famille ou uniquement fratrie.

• **Lui faire acquérir** les notions de *grand, petit, moyen.*

• Emploi du comparatif : *plus grand que, plus petit que.*

• Stratégie :

• Pour amorcer cet exercice, on peut raconter aux enfants l'histoire de *Boucle d'or et les trois ours*, sans livre d'abord, puis avec le support des images. Non seulement parce que cette histoire leur plaît beaucoup, mais aussi parce que la formule répétitive situe bien les choses.

Au grand ours correspond le grand bol, la grande chaise, le grand lit, etc.

D'autre part, le papa est plus grand que la maman — ce qui peut se discuter — elle-même plus grande que l'enfant.

Lorsque les enfants ont entendu l'histoire plusieurs fois, on peut leur demander de dessiner les trois ours afin de vérifier qu'ils ont bien acquis la notion de taille : *grand, moyen, petit.*

Leur demander ensuite de dessiner tous les membres de leur famille, père, mère, frères et sœurs, s'ils en ont et eux-mêmes au sein de cette famille.

• Évaluation :

Au moment de commenter les dessins, il faut faire préciser aux enfants leur place dans la famille ou la fratrie.

Exemple : « *Mon frère est plus grand que moi, le bébé est plus petit* ».

Quel est le plus grand ? Le plus âgé ? Le plus jeune ? Qui est né avant l'enfant, après l'enfant ? A-t-il un frère ? Si oui, son frère a-t-il un frère ? La réponse est presque toujours négative.

● Prolongements :

- Demander aux enfants d'apporter des photos d'eux-même bébés. Comparer avec leur photo actuelle. Se dessiner lorsque l'on était bébé, puis maintenant.
- Travail de langage sur le souvenir.
- Demander aux enfants d'apporter des photos de leurs parents lorsqu'ils étaient petits et tels qu'ils sont maintenant.
- On peut aussi constituer dans l'école un panneau avec les photos d'enfants de tout le personnel de l'école et leurs portraits actuels, soit en les faisant correspondre, soit en les mélangeant pour que les enfants devinent, ce qui est très difficile mais intéressant si c'est argumenté.

Des Activités Satellites

● AS 1 : Graphisme pour des cartes de vœux

Réalisation de cartes pour la fête des Mères : dessiner sa maman avec un pinceau fin et du Drawing-gum.
Lorsque celui-ci a séché, étaler des encres de couleur avec de petites éponges, puis enlever le Drawing-gum.

● AS 2 : Le jeu des trois ours[1]

Découverte du jeu.
Manipulation libre.

● AS 3 : Dessin libre sur ardoises graphiques

Avec des feutres Velleda.

Observations pour le maître :

1. - M. Serrero, *Le jeu des trois ours*, voir le catalogue du matériel éducatif, éditions Nathan.

Séquence 13

SE REPRÉSENTER APRÈS DES JEUX

Une Unité Pédagogique	Des Activités Satellites
Titre : Se représenter après des jeux **Nombre d'enfants :** 10 **Durée de l'UP :** 30 minutes **Reprises :** 3 fois **Période de l'année :** fin mai	**AS 1** **Titre :** Travail en volume **Nombre d'enfants :** 8 **AS 2** **Titre :** Découpage **Nombre d'enfants :** 8 **AS 3** **Titre :** Graphisme au pinceau fin **Nombre d'enfants :** 4

Une UP cognitive avec le maître

• Matériel :

- du papier ;
- des feutres ;
- des crayons.

• Objectifs :

• Par le biais du jeu, **faire nommer** aux enfants les différentes parties du corps et vérifier qu'ils les connaissent.
• Leur **demander une représentation graphique** immédiatement après le jeu.
• Lors de la critique de dessins, **faire expliquer** les positions représentées : *en face, autour, à côté*, etc.

• Stratégie :

Pour ce travail, on peut présenter plusieurs jeux aux enfants, un par séance, bien entendu.
Dans l'ordre des difficultés : «*Jacques a dit*», «*Colin-maillard*», «*Les petits Indiens*», «*Scions, scions du bois*», «*Je te tiens, tu me tiens par la barbichette*».

1 - «Jacques a dit», bien assimilé à cette période de l'année.
On peut donner des consignes plus difficiles telles que :
• *Mets tes mains sur :*
- *tes chevilles ;*
- *ta nuque ;*
- *tes orteils ;*
• *Touche ton sourcil avec ton index.*
• *Mets ton auriculaire sous ton aisselle.*
• *Entoure ton mollet de tes deux mains.*
• *Cache tes pommettes*, etc.
On peut aussi demander aux enfants de conduire le jeu à tour de rôle, la consigne étant de donner des ordres difficiles.

2 - «Colin-maillard». Il est préférable de délimiter l'espace par des bancs — au début du moins — et de diviser la classe en spectateurs et acteurs. Une dizaine d'enfants autour de celui qui a les yeux bandés est un nombre suffisant.
Demander à ce dernier de décrire l'enfant qu'il attrape pendant qu'il le tâte pour le reconnaître. Exemple : «*Elle a de longs cheveux, des cheveux frisés, un gros ventre, un petit nez, etc.*»

3 - «Les petits Indiens». Diviser la classe en deux parties. Une partie forme une ronde, chaque enfant représente une tente. Les enfants restant (les Indiens) vont se placer derrière leur tente; ils tiennent leurs camarades par les épaules. Au signal du tambourin, ils partent se promener, mais l'orage gronde (roulement de tambourin) et les petits Indiens retournent vite dans leur tente et se mettent à l'abri. Les rôles sont ensuite inversés.

4 - «Scions, scions du bois.» Cet exercice est intéressant car il permet de vérifier si les enfants peuvent se représenter les bras croisés et l'un en face de l'autre.

5 - «Je te tiens, tu me tiens par la barbichette». Il est à faire pour les mêmes raisons que l'exercice précédent; mais il est souvent source de pugilat en petite section. Les enfants ont du mal à comprendre quand ils doivent donner la «tapette», ils n'attendent pas que l'autre rit, et surtout, ils mesurent mal l'intensité de leur «tapette», ce qui donne souvent lieu à des vengeances en chaîne.
Il est amusant de faire changer le jeu par les enfants : se tenir par le nez, l'oreille, les cheveux. Se faire un baiser au lieu de se taper, faire semblant de pleurer au lieu de rire, etc.
Il faut faire dessiner les enfants immédiatement après ces exercices.

• Évaluation :

Les enfants arrivent assez bien à dessiner une ronde; une double ronde est plus difficile.
Lorsqu'ils se représentent en train de jouer à «*Scions, scions du bois*», ils dessinent d'abord soigneusement leur partenaire et se dessinent eux-mêmes plus rapidement. Sur certains dessins, on voit les bras croisés.
Quand ils se dessinent en train de jouer à «*Colin-maillard*», ils s'attachent surtout à représenter le bandeau sur leurs yeux. Contrairement à l'exercice précédent, ils attachent plus d'importance à la représentation de leur personne qu'à celle de leur partenaire.

• Prolongements :

• Se procurer, si possible, un petit mannequin de bois blanc articulé comme ceux que l'on vend dans les magasins de matériel de dessin.
Après avoir laissé les enfants le manipuler librement, on peut s'en servir pour jouer à «*Jacques a dit*» sans parler. Les enfants reproduisent les postures de la silhouette en silence.
• On peut également le prêter à un petit groupe de six enfants afin qu'ils le dessinent dans une position qu'ils auront choisie.

Des Activités Satellites

• AS 1 : Travail en volume

Faire des boules de papier blanc chiffonné que l'on essaye d'amonceler en hauteur sur un grand carton.
Consigne : construire le plus haut possible.

• AS 2 : Découpage

Découper de longues bandes dans des papiers de couleur en vue d'un collage collectif.

• AS 3 : Graphisme au pinceau fin

Dessin libre avec des pinceaux très fins et de l'encre de chine noire. Compléter le dessin au fusain.

Séquence 14

FAIRE UN VRAI BONHOMME OU UN MONSTRE

Une Unité Pédagogique		Des Activités Satellites
Titre : Faire un vrai bonhomme ou un monstre **Nombre d'enfants :** 10 **Durée de l'UP :** 30 minutes **Reprises :** 3 fois **Période de l'année :** fin juin	**AS 1**	**Titre :** Puzzle **Nombre d'enfants :** 6
	AS 2	**Titre :** Graphisme décoratif **Nombre d'enfants :** 8
	AS 3	**Titre :** Collage de coton **Nombre d'enfants :** 6

Une UP cognitive avec le maître

• Matériel :

- des revues dans lesquelles on découpe des têtes, des troncs, des bras, des mains, des jambes, des pieds;
- de la colle;
- de la carte blanche.

• Objectifs :

• **Vérifier** si l'enfant a bien intégré la relation entre les différentes parties du corps.
• Lui faire **utiliser**, lors de la critique des collages, les termes précis et appropriés à l'organisation dans l'espace : *au-dessus de, entre, à côté de, sous,* etc.

• **Introduire** un peu d'humour et de fantaisie pour faire « déraper » un travail sérieux en exercice imaginatif et créatif.

• Stratégie :

• Mettre à la disposition des enfants, dans des plateaux afin de pouvoir les étaler, des têtes découpées, des jambes avec ou sans pieds, des bras avec mains mais aussi des mains seules, des jambes nues ou recouvertes de pantalons, des chapeaux, etc.
• Le tri aura été fait par les enfants en UP, ainsi qu'une partie du découpage. L'enfant doit organiser ces éléments qu'il choisit librement pour représenter un personnage en les collant sur une carte blanche.

• Une fois ce travail effectué, on peut demander à l'enfant de « se tromper » et de fabriquer un monstre en collant « exprès » les éléments dans le désordre, afin d'obtenir un résultat le plus drôle, le plus bizarre, ou le plus laid possible. La liberté est totale. Se tromper sciemment suppose que l'on possède bien le sujet.

• Évaluation :

Certains enfants cherchent minutieusement les membres appartenant à la même silhouette. Pourtant, il arrive qu'ils les collent à l'envers, ils attachent plus d'importance à la forme et à la taille qu'à la couleur des vêtements ou de la peau.
Lorsque l'on fait la critique des collages avec tout le groupe, ce qui gêne le plus les enfants est, par ordre d'importance :
- une grande jambe et une petite ;
- les pieds qui ne sont pas « droits » ;
- les bras qui partent de la taille au lieu de partir des épaules ;
- des chaussures trop petites ou trop grandes.

Remarque : les collages détournés réservent souvent des surprises. Il est courant de voir des enfants imaginatifs réaliser un collage trop sage. Par contre, certains enfants que l'on pouvait supposer plus inhibés se déchaînent et produisent une création très originale.
Certains enfants qui ont aimé composer un personnage conforme aux normes démontrent peu d'enthousiasme pour le dérapage suggéré. Il faut donc laisser chacun y trouver son compte.

• Prolongements :

• Introduction de deux livres qui présentent des animaux découpés en deux parties : *Grépotame et 250 drôles d'animaux croisés*[1] ; ou trois parties : *Mini-croguphant*[2].
Cela provoque des mélanges amusants sur le plan graphique et verbal.
Avec les photocopies des portraits des enfants, il est possible de réaliser un jeu similaire en les coupant — après les avoir collées sur un carton fort — en trois parties : tête, tronc, jambes. On peut alors faire un jeu verbal avec les prénoms des enfants. Exemple : la tête de Nathalie, le tronc de Jean, les jambes de Juliette ; le personnage s'appelera « *Najeanju* ».
• Introduction aux puzzles fabriqués en classe, couper les photocopies des portraits en quatre morceaux.
Approche de la symétrie : découper en deux dans le sens de la hauteur des photos de personnages dans les magazines, les mélanger et les faire reconstituer par les enfants.

Des Activités Satellites

• AS 1 : Puzzle

Les enfants du monde[3].
Chaque enfant choisit son personnage et le réalise. Laisser les posters-modèles à la disposition des enfants.

• AS 2 : Graphisme décoratif

Fabrication de cadres en aluminium repoussé qui sera garni du portrait photographique de l'enfant et offert aux parents à la fin de l'année. Pour obtenir un effet de « patine », on peut frotter l'aluminium avec un coton imbibé d'encre de chine noire.

• AS 3 : Collage de coton

Sur un grand carton blanc, déposer des lambeaux de coton hydrophile et les faire adhérer en les imbibant d'encre de chine de couleur avec de gros pinceaux.

1. - Pierre Léon, *Grépotame et 250 drôles d'animaux croisés*, éditions Nathan.
2. - Sara Ball, *Mini-croguphant*, éditions Nathan.
3. - *Les enfants du monde*, voir le catalogue du matériel éducatif, éditions Nathan.

Table des matières

Coordination éditoriale :
Nathalie Autret,
Christine Delormeau

Édition :
Christine Ligonie

Mise en pages :
Jérôme de Swetschin

Composition :
Envergure

Fabrication :
Jacques Lannoy

Illustration de couverture :
Santiago Ramón

N° projet 10028067 (IV) - 15 - (CSBG-) - 115 - Avril 1995
Imprimerie CLERC - 18200 Saint-Amand-Montrond